© 2020 Connor Boyack
Alle Rechte vorbehalten.

ISBN 978-1-943521-59-3

Die Tuttle-Zwillinge im Bildungsurlaub

Covergestaltung: Elijah Stanfield
Herausgeber und Satz: Connor Boyack
Deutsche Übersetzung: Enno Samp
Lektorat: Annika Hundt

Gedruckt bei flyerheaven.de

Dieses Buch ist John Taylor Gatto gewidmet.

Für neue Lernerlebnisse ein ganzes Leben lang.

„Mit der Güteklasse ist es ja fast so wie mit den Noten bei uns in der Schule", sagte Ethan und zeigte auf das Hähnchen in ihrem Einkaufswagen.

„Bei den Eiern genauso", sagte Emily, die ein Güteklasse 1-Siegel auf dem Karton entdeckt hatte.

„Das ist bei Fleisch, Milch und Eiern so üblich", antwortete Mrs. Tuttle. „Es gibt die Qualität an."

„Ich frage mich, ob die Tiere wohl auch Hausaufgaben machen mussten, um eine gute Note zu bekommen", meinte Ethan ironisch.

„Bitte erinnere mich nicht an die Hausaufgaben", antwortete Emily stöhnend.

Der Sommer ging langsam zu Ende. Das bedeutete, dass sie bald wieder zur Schule mussten.

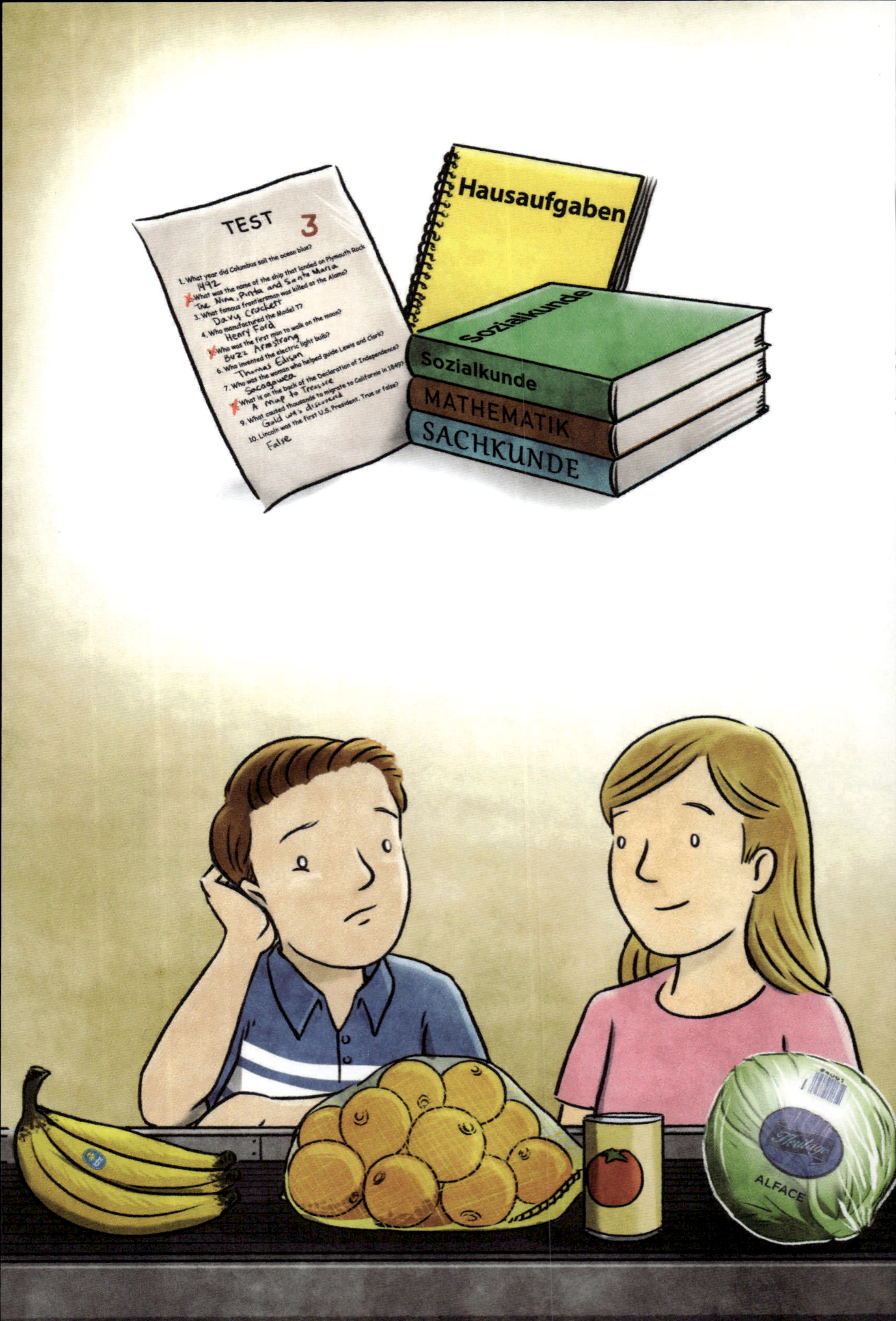
TEST
3
1. What year did Columbus sail the ocean blue?
1492
What was the name of the ship that landed on Plymouth Rock
The Nina, Pinta and Santa Maria
3. What famous frontiersman was killed at the Alamo?
Davy Crockett
4. Who manufactured the Model T?
Henry Ford
Who was the first man to walk on the moon?
Buzz Armstrong
6. Who invented the electric light bulb?
Thomas Edison
7. Who was the woman who helped guide Lewis and Clark?
Sacagawea
What is on the back of the Declaration of Independence?
A Map to Treasure
9. What caused thousands to migrate to California in 1849?
Gold was discovered
10. Lincoln was the first U.S. President. True or false?
False
Hausaufgaben
Sozialkunde
Sozialkunde
MATHEMATIK
SACHKUNDE
ALFACE

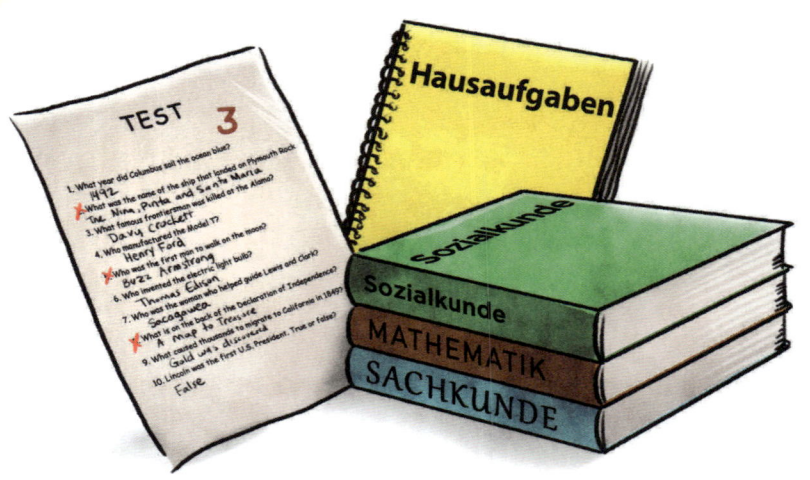

Die Sommerferien der Zwillinge waren großartig gewesen. Im Ferienlager hatten sie von Häuptling Ron die Bedeutung der Goldenen Regel gelernt.

Dann hatten sie eine fantastische Zeit im Zirkus gehabt, als der in ihrer Stadt gewesen war. Dabei hatten sie gelernt, als Clowns aufzutreten.

Aber am besten war ihr neu gegründetes Familienunternehmen, indem sie aus Nanas altem Tanzstudio ein Musicaltheater gemacht hatten.

Mrs. Tuttle legte ihren Einkauf auf das Kassenband. Ethan und Emily dachten an die Schule. Stundenlang an einem Tisch sitzen, Bücher lesen, Hausaufgaben machen – all das war bei weitem nicht so spannend und angenehm wie ihre Ferienaktivitäten.

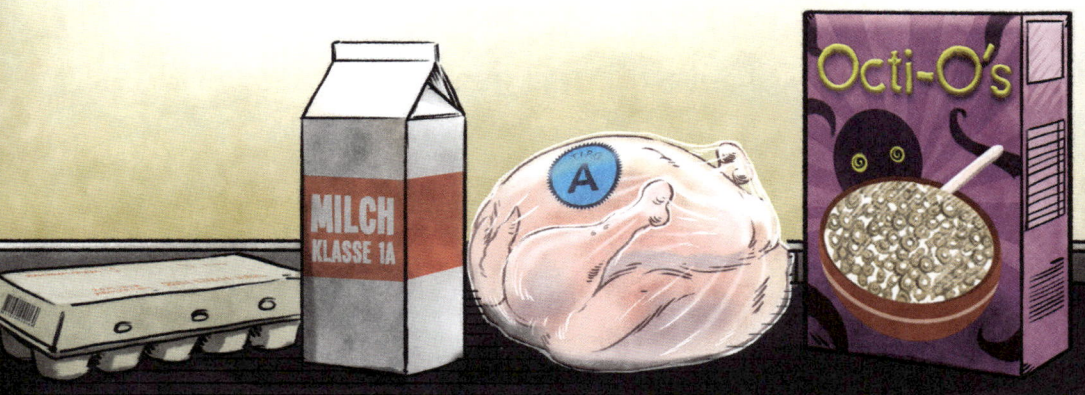

„Wir sind wieder da!", rief Mrs. Tuttle, als sie mit dem Einkauf in die Wohnung kamen.

„Oh, Entschuldigung", flüsterte sie schnell hinterher. Mr. Tuttle telefonierte, und es schien ein wichtiges Gespräch zu sein.

„Ja, das wäre bestimmt sehr interessant für uns", sagte Mr. Tuttle. „Ich bespreche das hier und dann werden wir uns bald sehen."

Damit beendete er das Telefongespräch und half den anderen mit den Einkäufen.

„Worum ging es denn?", fragte Emily. Ächzend hob sie eine schwere Tüte auf den Tisch.

Mr. Tuttle grinste und genoss die Spannung. Er ging in sein Büro, und die anderen folgten ihm. Sie warteten ungeduldig auf die Neuigkeiten.

„Ich habe heute Morgen eine Einladung als Redner zu einer Konferenz in Schweden im September erhalten", berichtete er. „Und ich dachte, dass ihr alle mitkommt. Wir machen ein paar Wochen Urlaub mit einer Rundreise durch Europa."

„Was?!", riefen die anderen fast wie aus einem Mund. Sie konnten kaum glauben, was sie gerade gehört hatten.

Mr. Tuttle breitete eine große Karte aus, auf der er schon alle Punkte markiert hatte, die sie besuchen wollten. Dazu öffnete er eine Packung „Swedish Fishies" – eine Art Gummibärchen in Fischform.

„Na, was meint ihr?", fragte er.

„Aber was ist mit der Schule? Wenn wir viel verpassen, schreiben wir schlechte Noten", meinte Emily. „Und ich will auch nicht so viele Hausaufgaben nachholen müssen."

„In mehreren Wochen verpassen wir eine ganze Menge", sorgte sich auch Ethan. „Ich brauche gute Noten, damit ich an die Uni komme, die ich möchte, damit ich später einen guten Job bekomme. Ich muss an meine Zukunft denken."

„Ich glaube kaum, dass die Schule uns eine so lange Auszeit genehmigen wird, Liebling", sagte Mrs. Tuttle zu ihrem Mann. „Das ist doch gesetzlich verboten."

„Ich verstehe eure Bedenken", versicherte Mr. Tuttle ihnen. „Genau deshalb habe ich gerade mit Mrs. Miner telefoniert."

„Tatsächlich?", antwortete Mrs. Tuttle. „Was hat sie gesagt?"

„Sie hat uns zu einem Vortrag von einem Freund von ihr in der Schule eingeladen", sagte er. „Er hat Bücher darüber geschrieben, wie Kinder besser lernen können. Demnach brauchen wir uns wegen unserer Reise und des versäumten Unterrichts keine Sorgen zu machen."

Ein paar Tage später nahm die Familie Tuttle Mrs. Miner auf dem Weg zum Vortrag im Auto mit.

„Ganz bestimmt werdet ihr alle meinen Freund mögen", sagte sie. „Er heißt John. Die meiste Zeit seines Lebens war er ein Lehrer wie ich."

„Er wurde sogar als *Bester Lehrer* im Bundesstaat New York ausgezeichnet", fuhr sie fort und nahm einige Blätter aus ihrer Tasche.

„Im Jahr seiner Auszeichnung hat er auch diesen Zeitungsartikel geschrieben, in dem er erklärt, warum er kündigt."

„Warum hat er denn gekündigt, wenn er so ein guter Lehrer war?", fragte Ethan.

„Genau darüber wird er heute Abend sprechen", antwortete Mrs. Miner. „In dem Artikel erklärt er, dass es an der Art der Schulen liegt, dass sie Kinder manchmal eher schaden als ihnen zu nützen."

„Aber Sie haben uns noch nie weh getan!", rief Emily.

„Bis auf die eine schlechte Note im letzten Jahr ...", fügte Ethan lachend hinzu.

Emily blieb bei ihrer Meinung und sagte: „Sie sind eine gute Lehrerin!"

Mrs. Miner errötete ein wenig. „Das ist lieb von euch", sagte sie, „Aber, ehrlich gesagt, ist es auch ziemlich anstrengend. Es gibt so viele Vorschriften für uns Lehrer. Dieses System erlaubt mir nicht, jedem von euch Kindern nach euren individuellen Interessen zu helfen. Wir müssen allen das Gleiche und auf die gleiche Weise beibringen. Manchmal kündigen dann gute Lehrer wie John, weil es für sie frustrierend ist, zu wissen, was die Kinder brauchen, es ihnen aber nicht geben zu dürfen."

Der Parkplatz war voll. „Ihr Freund scheint ziemlich bekannt zu sein", bemerkte Mr. Tuttle.

„Was ist damit gemeint?", fragte Emily und zeigte auf das Schild auf ihrem Weg zum Eingang.

„Schulpflicht bedeutet, dass die Regierung die Kinder zwingt, zur Schule zu gehen, oder dass sie die Eltern zwingt, den Kindern ganz bestimmte Dinge beizubringen", antwortete Mrs. Miner. „Bis vor ein paar Jahrzehnten war es sogar verboten, dass Eltern ihre Kinder zuhause unterrichten. Und in einigen Ländern ist das immer noch so."

„Die Eltern bekommen Schwierigkeiten, wenn sie die Kinder nicht so unterrichten, wie es die Regierung will?", fragte Ethan.

„Genau", sagte Mr. Tuttle. „Die Regierung könnte dann den Eltern die Kinder sogar wegnehmen oder die Eltern ins Gefängnis sperren. Verrückt, oder?"

„Ich lerne ja so gern", sagte Emily. „Aber ich finde es ziemlich unheimlich, wenn man Leute dazu zwingt, wie und was sie lernen sollen. Die Regierung denkt anscheinend, dass die Kinder ihr gehören anstatt deren Eltern."

Der Saal war bis auf den letzten Platz gefüllt, aber Mrs. Miner hatte für sie Plätze in der ersten Reihe reserviert. Schon betrat ein älterer Mann mit einem freundlichen Lächeln und grauen Haaren das Podium.

„Wir alle wollen, dass unsere Kinder erfolgreich sind", begann Mr. Gatto seine Rede. „Die Frage ist, ob die Schulpflicht dafür wirklich der richtige Weg ist."

„Eine Zeit lang dachte ich, dass wir das Bildungssystem dadurch verbessern, dass die Lehrer besser bezahlt werden", fuhr er fort. „Oder

indem wir den Lehrplan ändern. Ich dachte, dass meine Schüler dann besser lernen würden und dass sie die Dinge, die ich ihnen beibrachte, besser behalten und wertschätzen könnten."

Langsam und mit Nachdruck ergänzte er: „Aber ich habe mich geirrt. Heute erkläre ich Ihnen, warum ich glaube, dass Kinder unter der Schulpflicht leiden können und warum das nicht zu verhindern ist."

„Als erstes brauche ich ein Paar als Freiwillige", sagte Mr. Gatto und blickte in die Menge.

Blitzartig hoben die Tuttle-Zwillinge ihre Hände. „Okay, wie wäre es mit diesen beiden hier vorne?"

Ethan und Emily sprangen auf die Bühne. Mr. Gatto bat sie, alles das aufzuzählen, worin sie sich unterschieden – ihr Lieblingsessen, ihre Hobbies und sonstige Interessen. Das ergab eine wirklich lange Liste.

„Nun, Ethan", fragte Mr. Gatto, „wenn du selbst entscheiden könntest, was du lernen möchtest, was wäre das? Worin möchtest du ein Experte werden?"

Ethan überlegte einen Moment, bevor er antwortete. „Ich mag es Comics zu erfinden und würde gerne ein professioneller Zeichner werden. Oh, und ich bin gut in Mathe und knacke gerne Zahlencodes. Aber das würde in einer Schule wohl nicht unterrichtet."

„Und du, Emily?", fragte Mr. Gatto.

„Ich würde gerne viel mehr über Wissenschaft und über unseren menschlichen Körper lernen", antwortete sie. „Da haben wir bisher nur wenige Grundlagen gelernt. Wenn ich entscheiden dürfte, würde ich dazu viel mehr lernen wollen."

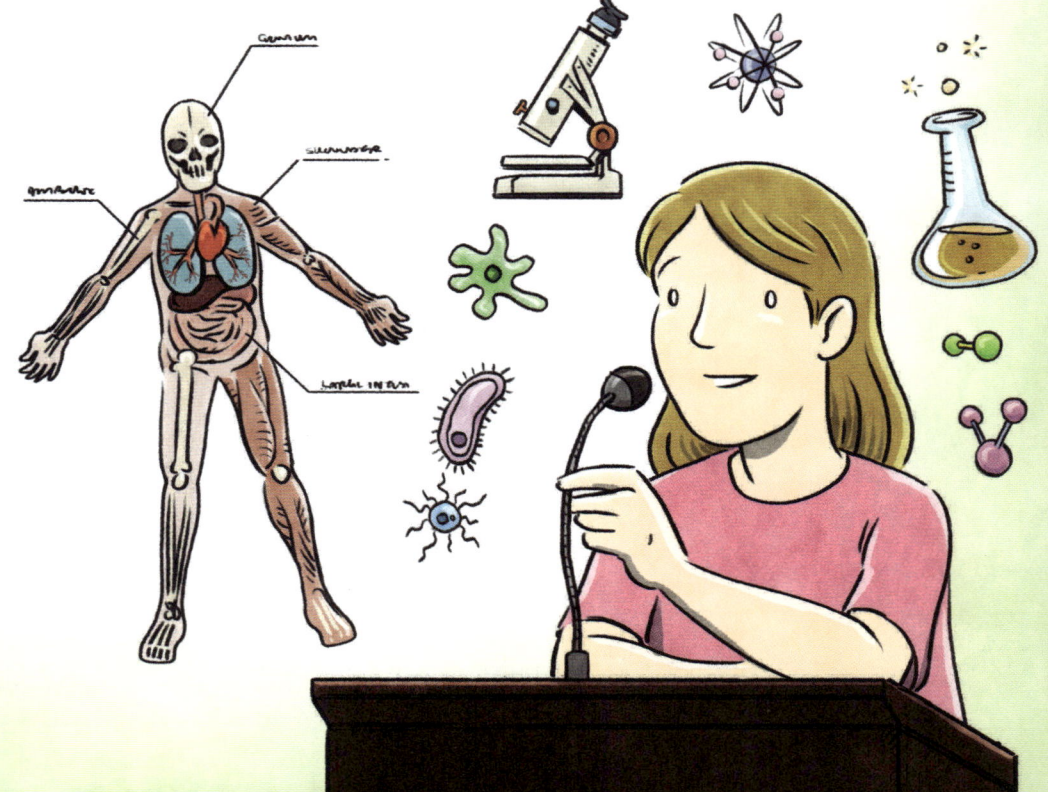

„Meine jungen Freunde hier sind zwei sehr unterschiedliche Individuen. Stimmen Sie mir da zu?", fragte Mr. Gatto das Publikum.

„Nach vielen Jahren als Lehrer habe ich gemerkt, wie komisch es ist, einzigartige Kinder alle gleich zu unterrichten, wie an einem Fließband in einer Fabrik", sagte er. „Anstatt ihnen dabei zu helfen, ihr jeweiliges Potenzial zu entfalten, werden sie in unserem Schulsystem alle gleich unterrichtet."

„Allen werden die gleichen Inhalte beigebracht und für alle auf die immer gleiche Weise. Nach ein paar Minuten Lernen läutet eine Klingel. Dann geht es für sie alle weiter mit dem nächsten Fach, egal ob sie von dem vorigen noch mehr lernen wollten oder es vielleicht noch gar nicht verstanden haben."

„Dieses System ist unnatürlich", ergänzte er, „und es zerstört den natürlichen Drang der Kinder, zu lernen. Da ist es kein Wunder, dass so viele Kinder ungern zur Schule gehen."

„Die Kinder werden nicht nur alle gleich unterrichtet, sie werden auch geprüft, benotet und sortiert wie Fleisch oder Eier", sagte er. Dann setzte er den Zwillingen lustige Mützen auf, um das zu veranschaulichen. „Das Kategorisieren von Lebensmitteln ist nützlich, aber bei Kindern ergibt es überhaupt keinen Sinn!"

Mrs. Tuttle beugte sich zu Mrs. Miner. „Ich mochte damals keine Aufsätze, weil ich dabei immer schlechte Noten hatte", sagte sie. „Später habe ich sehr gerne Artikel geschrieben über Dinge, die mich interessierten, manchmal sogar für Zeitschriften."

„Vielleicht mochten Sie das Schreiben nur wegen der schlechten Noten nicht", antwortete Mrs. Miner. „Manche Kinder mit schlechten Noten meinen, dass sie nicht schlau genug sind. Sie fühlen sich wie ein schlechtes, aussortiertes Ei."

„Das Lernen zu benoten, ist eine komische Sache", fuhr Mr. Gatto fort. „Kinder sollen die Inhalte verstehen. Bei einer schlechten Note haben sie etwas noch nicht ganz verstanden. Warum dann schon zum nächsten Kapitel wechseln? Warum muss man sie überhaupt benoten? Man sollte sie lernen lassen, bis sie die Dinge verstanden haben, ohne sie zu entmutigen."

Die Zwillinge kehrten auf ihre Plätze zurück. Während Mr. Gatto weiterredete, war Emily ganz in Gedanken versunken. „Was überlegst du?", flüsterte Mrs. Tuttle zu ihr.

Emily zeigte ihr, was sie gerade auf ihren Notizblock geschrieben hatte.

Mrs. Tuttle legte den Arm um sie und drückte Emily an sich. „Das gefällt mir", sagte sie leise. „Mir geht es ganz genauso!"

Ein lauter Knall erschütterte den Raum, als Mr. Gatto etwas auf das Podium fallen ließ.

„Das ist Ton", flüsterte Emily. Sie mochte Kunst, Handwerk und überhaupt, Dinge mit ihren Fingern zu gestalten. Mr. Gatto begann, den Ton zu formen.

„Merkt euch die Worte von John Dewey, einem der Gestalter unseres heutigen Schulsystems", fuhr er fort.

„Lehrer sollen nicht nur Individuen etwas beibringen", las er. „Sie sind Diener der Gemeinschaft und sollen dazu beitragen, die soziale Ordnung zu erhalten."

„Das sollte sie beunruhigen", sagte Mr. Gatto. Dann zeigte er die Figur eines Kindes, die er aus dem Ton geformt hatte. „Leute wie Dewey wollen Konformität. Einzigartige Kinder sollen alle gleich werden. Dazu haben sie ein System etabliert, das alle Kinder gleich formt, als wären sie aus Ton, damit sie zu ihrer Idee der richtigen sozialen Ordnung passen."

„Das mag ich gar nicht", flüsterte Mr. Tuttle zu Mrs. Tuttle. „Wir schicken unsere Kinder zur Schule, damit sie etwas lernen, und nicht, um sie an die richtige soziale Ordnung anzupassen. Das ist unsere Aufgabe als Eltern."

„In der Schule werden die kleinen Gehirne mit Ideen gefüllt", sagte Mr. Gatto. „Aber wessen Ideen sind das? Und welche Motive haben die Verantwortlichen?"

Ethan gefiel der Gedanken gar nicht, dass er nach den Vorstellungen von jemand anderem geformt werden sollte. „Ich möchte ich selbst werden und das lernen, was ich will", notierte er sich. „Ich bin nicht der Ton von irgendjemandem."

„Dewey gestaltete unser modernes Schulsystem nach dem Vorbild Preußens, einer strengen Monarchie auf dem Gebiet des heutigen Deutschlands", erklärte Mr. Gatto. „Es ging ihm nicht darum, junge Menschen zu unabhängigen Denkern zu erziehen, sondern sie zu gehorsamen Arbeitern, Soldaten und Bürgern zu, die leicht gesteuert werden können."

„Diese Methode funktionierte so gut, dass die meisten Regierungen sie schnell übernommen haben", sagte er und hob einen Stapel Bücher auf das Pult.

„Ich sammle Sachbücher aus der ganzen Welt. Und wissen Sie, was ich entdeckt habe? Die Regierungen lassen wichtige Aspekte der Geschichte aus, von denen sie nicht wollen, dass die jungen Leute davon erfahren."

Es wurde unruhig im Saal, als das Publikum die Beispiele sah, die Mr. Gatto mitgebracht hatte. „Das ist ja so gar nicht hinterlistig ...", flüsterte Emily sarkastisch.

„Das ist keine gute Bildung", antwortete Ethan. „Wenn wir nur eine verdrehte Version der Geschichte hören, wie sollen wir dann aus den Dingen, die wirklich passiert sind, lernen?"

„Dafür gibt es einen Namen", flüsterte Mr. Tuttle. „Das ist alles andere als Bildung. Das ist Propaganda."

„Mehr noch", meinte Mrs. Tuttle. „Das ist eher Social Engineering, Kinder so zu formen, um damit die Gesellschaft nach eigenen Vorstellungen umzugestalten. Ich denke, das war Deweys Ziel."

„Die Schulpflicht ist also keineswegs gescheitert", folgerte Gatto. „Vielmehr war sie sehr erfolgreich darin, die Individualität und den freien Willen der Kinder zu unterminieren. Genau dazu war sie schließlich eingeführt worden."

„Eltern, ihr könnt etwas dagegen tun, aber das erfordert ein Umdenken", sagte er und hielt etwas ganz Winziges hoch. „Schaut euch dieses Samenkorn genau an. Es enthält eine Lektion, die ihr nie vergessen sollt."

„Bildung ist ein organischer Prozess", fuhr Mr. Gatto fort. „Wir wissen nicht, wie die Menschen

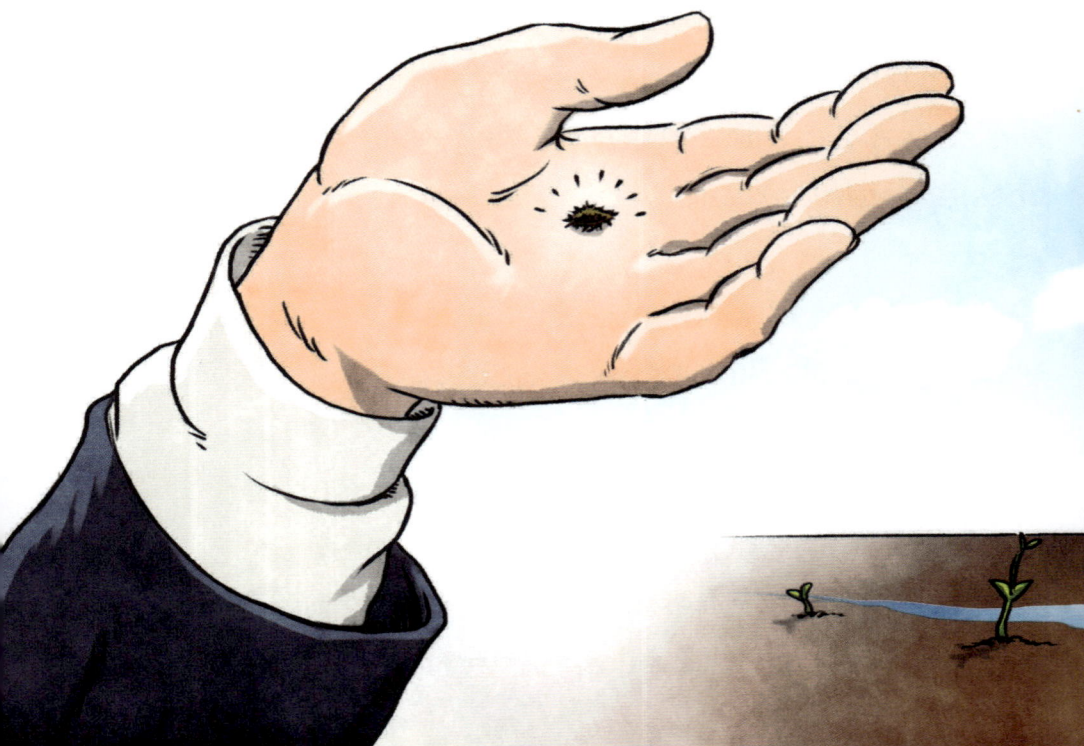

am besten lernen oder was sie überhaupt lernen sollten. Genauso wie ihr nicht wisst, was aus diesem Samenkorn einmal wird." Dann drückte er den Samen in einen kleinen Blumentopf.

„Jeder Gärtner weiß, dass man nur die optimalen Bedingungen herstellen muss, damit eine gesunde Pflanze – oder eben ein gesundes Kind – erblühen kann. Sie wachsen dann ganz selbstständig zu genau dem, wozu sie bestimmt sind."

Großer Applaus brach aus und Mr. Gatto verbeugte sich. Dabei winkte er den Zwillingen zu. Mrs. Miner freute sich, als sie die zustimmenden Gesichter von Mr. und Mrs. Tuttle sah. Anscheinend war ihnen ein Licht aufgegangen.

Nach der Veranstaltung hat Mrs. Miner die Familie Tuttle bei Mr. Gatto vorgestellt. Mrs. Tuttle hatte eines seiner Bücher gekauft und sagte: „Nun habe ich wohl einiges an Hausaufgaben zu tun."

„Denkt immer daran, dass euer freier Wille der Schlüssel zu echtem Lernen ist", sagte Mr. Gatto. „Es geht um die Möglichkeit, selbst zu entscheiden, welchen Weg ihr nehmen wollt und was euch wichtig ist. Das fehlt bei einer allgemeinen Schulpflicht." Dann gab er Emily den Blumentopf, den er bei seinem Vortrag benutzt hatte.

„Jetzt habe ich verstanden, warum Sie gekündigt haben, Mr. Gatto", sagte Ethan. „Das ist sicher unangenehm, jedem Kind auf seinem eigenen Weg helfen zu wollen, aber sie dann benoten zu müssen, als wären sie alle gleich."

„Das ist wirklich schwierig", stimmte Mrs. Miner zu. „Ich werde trotzdem Lehrerin bleiben. Ich bemühe mich, jeden Schüler zu ermutigen, seine eigenen Interessen zu verfolgen und die Welt auf seine eigene Art zu erkunden."

„Das ist also der Grund, warum wir so viele Klassenausflüge machen", sagte Emily. „Danke!"

ZWANG FREIER WILLE

An einem regnerischen Morgen ein paar Wochen später schauten die Zwillinge zu, wie ihre Freunde am ersten Schultag nach den Ferien in den Schulbus stiegen.

„Ich freue mich so auf unsere Reise", sagte Ethan, „aber irgendwie vermisse ich es auch, mit ihnen zusammen zu sein."

Emily nickte und antwortete: „Das verstehe ich. Das Beste an der Schule ist das Zusammensein mit meinen Freundinnen."

„Aber das ist nicht der Grund, warum wir euch dorthin schicken, ihr Dummerchen", neckte Mrs. Tuttle.

Die Koffer standen fertig gepackt im Flur. Alles war bereit für die Europareise, die heute Abend losging. Mrs. Tuttle kontrollierte dreimal ihre Checkliste, um sicher zu gehen, dass sie auch nichts vergessen hatten und die Liste mit den Hinweisen für Fred komplett war. Er würde sich um ihr Haus und das Blumengießen kümmern. Dazu gehörte auch die mysteriöse Pflanze von Mr. Gatto, die gerade begonnen hatte, zu blühen.

Mr. und Mrs. Tuttle hatten sich entschieden, Mr. Gattos Vorschlag auszuprobieren. Diese Ferien waren der Beginn für ein neues Bildungsabenteuer.

„Bist du bereit?", flüsterte Mr. Tuttle, nachdem die Zwillinge im Flugzeug eingeschlafen waren. „Das ist schon eine große Entscheidung."

„Ich mag das Beispiel mit der Pflanze", antwortete sie. „Wir müssen ihnen nicht alles beibringen. Wir müssen nur für die richtige Umgebung sorgen,

damit sie selbst lernen und sich entwickeln können. Das passt eigentlich perfekt zu den beiden."

Und sie ergänzte: „Ich habe noch etwas verstanden. Unsere Kinder lernen auf die gleiche Weise wie wir."

„Wir warten auch nicht, bis jemand anderes entscheidet, was wir wissen sollten. Wir beschäftigen uns immer mit dem, was uns gerade interessiert. Das wünsche ich mir auch für unsere Kinder."

„Ich auch", antwortete Mr. Tuttle und grinste zufrieden.

London war eine schöne Stadt, die Ethan und Emily wirklich gut gefiel, auch wenn sie eine Weile brauchten, um sich an den Linksverkehr zu gewöhnen.

Stundenlang waren sie im Natural History Museum und haben sich die vielen Exponate angesehen. Emily interessierte es besonders, alles über Tiere zu lernen. Ethan beschäftigte sich mit Dinosauriern und altem Gestein.

Danach haben sie das Parlamentsgebäude besucht und gelernt, wie die englische Regierung funktioniert. Sie waren Zuschauer bei einer Debatte im House of Lords. Es ging darum, ob der Verkauf von Messern eingeschränkt werden sollte, weil einige Menschen andere mit Messern verletzt hatten.

Am nächsten Morgen besichtigten sie Westminster Abbey. In dieser historischen Kirche gab es Gemälde, Glasmalerei, Bücher und mehr aus über 1.000 Jahren zu sehen.

„Selbst, wenn wir einen Monat lang hier blieben, hätte ich immer noch nicht alles gesehen", stellte Emily fest.

Ethan nickte zustimmend. „Ich hatte keine Ahnung, dass es so etwas überhaupt gibt", ergänzte er.

Paris war ein Abenteuer für sich. Sie besuchten den Louvre, ein Museum mit mehr als 35.000 Kunstwerken. Emily ging von einem Bild zum nächsten und hörte sich die Erklärungen dazu im Audioguide an.

„Schaut mal, die echte Mona Lisa!", rief Ethan. „Wusstet ihr, dass Leonardo da Vinci mehr als 30 Farbschichten verwendet hat?"

„Er war ein begabter Künstler", sagte Mrs. Tuttle. „Er war auch ein Erfinder. Ein echter Mann der Renaissance. In ein paar Tagen kommen wir in Italien in seine Geburtsstadt."

Ethan war ganz fasziniert von diesem Gemälde. Er fragte sich, wie lange da Vinci wohl geübt hatte, bis er so toll malen konnte.

In der restlichen Zeit in Paris besichtigten sie den Eiffelturm und den Arc de Triomphe. Den hatte Napoleon gebaut, um seine militärische Stärke und Frankreichs Macht zu feiern.

„Meine Füße sind wund", sagte Ethan während einer Pause in einem Pariser Café. „Aber es fühlt sich an, als wäre mein Gehirn vor lauter Lernen mit so vielen tollen Dingen schon genauso wund."

„Es gibt hier auch so tolle Sachen zu Essen", sagte Emily und roch am süßen Aroma ihrer Makronen-Kekse. „Die duften auch viel besser als deine Füße!"

Das Kolosseum in Rom war so viel größer als die Tuttles erwartet hätten. Sie stellten sich vor, wie es hier wohl gewesen sein muss voller Menschen, die den Gladiatorenkämpfen zuschauten.

„Schau mal, Dad!", sagte Ethan. „Auf diesem Schild steht, dass mehr als eine halbe Million Menschen bei den Kämpfen mit Tieren oder anderen Menschen gestorben sind."

„Und es wurde von Tausenden jüdischen Sklaven gebaut", ergänzte Mr. Tuttle. „Daran sieht man, wie schlimm die Geschichte oft gewesen ist. Aber wir lernen davon und versuchen, es besser zu machen."

„Schade, dass wir kein kostenloses Essen hier bekommen", sagte Emily, als sie zusammen mit Mrs. Tuttle von einem Rundgang zurückkam. „Der Führer unserer Tour sagte, dass es für die Römer damals während der Veranstaltungen kostenloses Essen gab. So waren alle Leute zufrieden und kümmerten sich weniger um die schlimmen Dinge, die die Regierung tat."

„Davon sollten wir aber etwas lernen", antwortete Mr. Tuttle.

„Wie konnten sich die Leute solch grausame Dinge nur zum Vergnügen ansehen?", fragte Ethan und schüttelte seinen Kopf.

„Endlich sind wir hier!", rief Emily später, als sie beim Leonardo da Vinci Museum in Florenz angekommen waren.

Hier verging die Zeit wie im Fluge. Die Zwillinge tauchten ein in da Vincis Welt mit all seinen Erfindungen und Ideen.

Ethan gefielen die Zeichnungen und Skizzen seiner zahllosen Erfindungen. Vieles konnte im frühen 16. Jahrhundert noch nicht realisiert werden, weil die Konstruktionstechnik noch nicht so weit entwickelt war.

„Diese anatomischen Zeichnungen sind einfach faszinierend", sagte Emily. Sie bewunderte seine Zeichnungen wirklich. „Er muss ewig lang den menschlichen Körper studiert haben."

„Die Renaissance war ein Zeitalter, in dem das Lernen und die Kreativität geradezu explodiert sind", erklärte Mrs. Tuttle. „Viele großartige Menschen, wie da Vinci, haben den Lauf der Geschichte mit ihren Ideen und Erfindungen positiv beeinflusst."

„Genau das werde ich auch tun!", sagte Emily. „Es ist Zeit für eine re-Renaissance!"

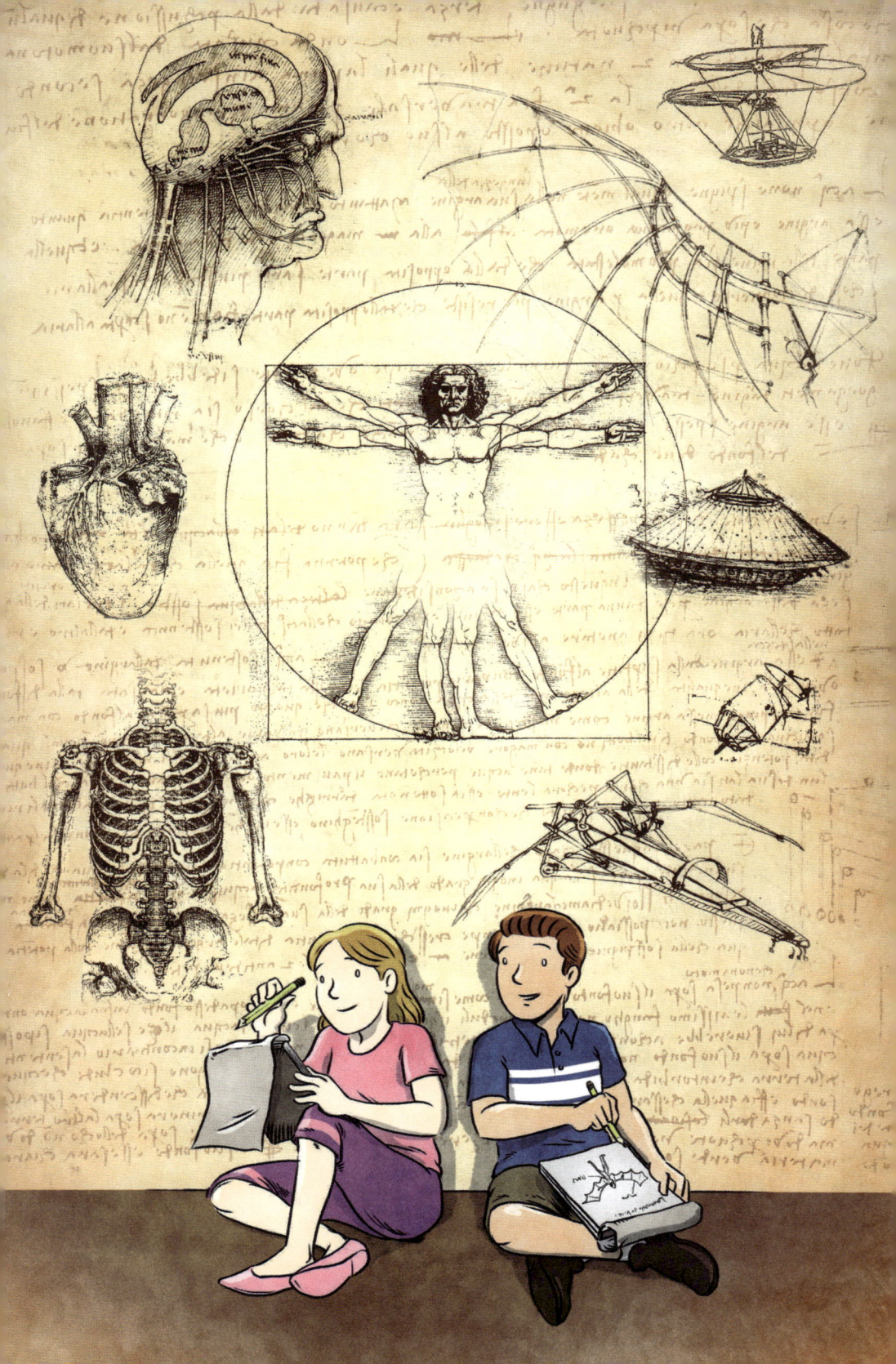

Am nächsten Morgen haben sich die Tuttles sehr früh per Zug auf den Weg nach Deutschland gemacht. Die Fahrt dauerte einen ganzen Tag.

Mr. Tuttle und Emily haben während der Fahrt mit Hilfe einer App ein wenig Deutsch gelernt. Mrs. Tuttle hat gelesen und Ethan hat an einem online-Mathe-Kurs gearbeitet, den er in diesem Sommer begonnen hatte.

„Das kannst du jetzt schon?!", fragte Mrs. Tuttle. „Das wäre in der Schule frühestens in zwei Jahren dran ..."

„Dann ist es ja ganz gut, nicht zur Schule zu gehen", antwortete Ethan. „Ich kann es kaum abwarten, noch mehr Algebra zu lernen, damit ich endlich lerne, wie man Zahlencodes knacken kann."

Mrs. Tuttle drückte anerkennend seine Hand. „Ich bin sehr stolz", sagte sie. „Wir lernen viele schöne Dinge auf so einer Reise. Aber es ist etwas ganz anderes, solche wirklich schwierigen Aufgaben zu meistern."

Emily grinste nach etwas Tippen auf Mr. Tuttles Smartphone. Sie probierte, auf Deutsch *Herzlichen Glückwunsch!* zu sagen.

Mr. Tuttle hat in Deutschland mehrere Besuche von Gedenkstätten des Zweiten Weltkriegs geplant. Davon hatten die Zwillinge erst kürzlich einiges gelernt.

Als erstes haben sie den Reichstag besucht, das deutsche Parlamentsgebäude. Die Familie hatte gelernt, dass Adolf Hitler seinen Gegnern die Schuld für den Reichstagsbrand gegeben hatte und diesen als Vorwand nutzte, um sich selbst mit fast unbeschränkter Macht ausstatten zu lassen.

„Ich hab mich immer gefragt, wie so viele Leute die bösen Menschen unterstützten konnten", sagte Emily in einem Museum, das zeigte, wie die Nazis ihre Jugend unterrichtet hatten. „Heute weiß ich, dass es Propaganda war, wie Mr. Gatto es gesagt hat."

Mrs. Tuttle nickte bedrückt. „Es ist wie an vielen anderen Orten, die wir schon besichtigt haben: Wenige böse Menschen haben den Lauf der Geschichte auf eine schlimme Weise geprägt", sagte sie. „Deshalb ist es so wichtig, dass wir selbstständig denken, lernen, was richtig ist, und dass wir es sagen, wenn wir böse Ideen bemerken."

Am nächsten Morgen packten sie ihre Sachen für die Weiterfahrt nach Schweden. Aber bevor sie Deutschland wieder verließen, machten sie noch einen Abstecher zu dem Haus, das Mrs. Tuttles Ururgroßeltern für sich gebaut hatten.

„Das sind ja die gleichen Blumen, die Mr. Gatto uns gegeben hat", bemerkte Ethan. Auf einem kleinen Schild am Weg stand „Vergissmeinnicht". Emily übersetzte es mit ihrer App ins Englische: „forget-me-not".

Ethan und Emily spielten Fangen in dem Blumenmeer und genossen dabei die Sonne.

„Ich bin so froh, dass ich nicht an meinem Schreibtisch sitzen muss", sagte Emily. „Was wohl unsere Freunde jetzt gerade machen ..."

„Das wissen wir ja ganz genau aus eigener Erfahrung", antworte Ethan nüchtern.

„Halt, stehen bleiben!", rief plötzlich ein Polizist.

„Ich glaube, er sagte stopp", flüsterte Emily zu Ethan.

Als der Polizist merkte, dass sie Touristen waren, entschuldigte er sich auf Englisch bei ihnen und sagte „Sorry" zu Mr. und Mrs. Tuttle. „Alle deutschen Kinder müssen tagsüber in der Schule sein. Daher dachte ich, dass ihre Kinder hier gegen die Schulpflicht verstoßen."

Abends im Hotel in Schweden musste Ethan immer noch an diesen Vorfall mit dem Polizisten denken. „Dann ist es in Deutschland also verboten, dass Kinder zuhause unterrichtet werden, anstatt in eine staatliche Schule zu gehen?"

„Unglücklicherweise – ja", antwortete Mr. Tuttle. „Hier in Schweden ist es genauso. Anders als bei uns gibt es einige Länder, in denen es keine Ausnahmen von der Schulpflicht gibt."

Am nächsten Tag hielt Mr. Tuttle seinen Vortrag bei der Konferenz. Mrs. Tuttle und die Zwillinge machten einen entspannten Einkaufsbummel durch die Altstadt von Stockholm.

„Ich finde, dass ich eine ganze Menge gelernt habe während unserer Reise", sagte Emily und naschte einige Beeren. „Ich hoffe, dass Homeschooling immer so schön sein wird."

„Die ganze Zeit immer nur auf Reisen sein?", fragte Ethan. „Wer soll das bezahlen?"

„Das ist das Tolle, wenn man selbst entscheiden kann", sagte Mrs. Tuttle. „Mit dem Reisen lernen wir die Welt besser kennen als aus einem Buch im Klassenraum. Es gibt immer so viel zu lernen, egal, wo wir gerade sind. Oder auch über das Internet."

Es war Wochen her, seit die Tuttles das letzte Mal an ihrem eigenen Frühstückstisch gesessen hatten. Emily freute sich, dass aus ihrem Samenkorn inzwischen eine blühende Pflanze geworden war.

„Die Vergissmeinnicht sind so hübsch", sagte sie und nahm den Topf mit an den Tisch. „Ab jetzt erinnern sie mich an unsere spitzenmäßige Reise."

„Es ist schon lustig, dass Mr. Gatto uns ausgerechnet diese Blume gegeben hat", meinte Mr. Tuttle. „Er wollte wohl, dass wir nicht vergessen, wie Bildung wirklich funktioniert."

„Dass wir beinahe verhaftet wurden, werde ich bestimmt nicht vergessen!", sagte Ethan mit einem verkniffenen Grinsen. „Ich kann es kaum erwarten, meinen Freunden davon zu erzählen."

„Es hat Spaß gemacht, nur das zu lernen, was mich wirklich interessiert", sagte Emily. „Das ist besser, als nur das pauken zu müssen, was jemand anderes von uns verlangt."

„Mir scheint, dass Mr. Gatto mit seiner Analogie schon Recht hat", sagte Mrs. Tuttle. „Niemand mag es, von jemand anderem in dessen Sinne geformt zu werden. Jeder sollte die Freiheit haben, sich zu dem zu entwickeln, was in ihm steckt."

„Also, was brauchen wir denn alles für unser neues Bildungsabenteuer?", fragte Mr. Tuttle. Dabei verteilte er Preiselbeermarmelade auf seinen schwedischen Pfannkuchen.

Die ganze Familie trug ihre Ideen zusammen: ein ruhiger Leseraum, klassische Musik beim Schreiben, bequeme Stühle und immer wieder gemeinsames Lesen mit der Familie, um zusammen zu lernen.

Dann haben sie ihre Ressourcen aufgezählt: Artikel, Lehrer, Kurse, online-Videos, Bibliothek, viele Ausflüge, Mentoren, von denen sie etwas lernen können, Gruppen zusammen mit anderen Homeschooling-Familien und vieles mehr.

„Es scheint, dass wir für den Start sehr gut ausgerüstet sind", sagte Mrs. Tuttle. „Das ist ja aufregend!"

„Genau. Aber eins fehlt noch", sagte Ethan und fing langsam an zu grinsen.

„Was denn?", wunderte sich Mr. Tuttle.

„Die allerwichtigste Regel", antwortete Ethan, „Keine Hausaufgaben!"

Ende

„Ich schäme mich dafür, dass sich so wenige von uns Lehrern bessere Alternativen überlegen, anstatt Kinder den ganzen Tag lang in Zellen einzusperren. Sie sollten in ihren Familien aufwachsen, an ihrer Umwelt teilhaben und mit den Herausforderungen des echten Lebens konfrontiert werden, um unabhängig, selbstständig und frei zu werden."

—John Taylor Gatto

John Taylor Gatto hat 30 Jahre als Lehrer gearbeitet. Sein toller Unterricht und die individuelle Betreuung der Schüler haben ihm viel Lob und Auszeichnungen eingebracht. Im selben Jahr, in dem er „Lehrer des Jahres" im Bundesstaat New York wurde, hat er gekündigt. Im Wall Street Journal erklärte er dazu, dass er sein Geld nicht länger damit verdienen möchte, Kinder zu verletzten.

Es folgte eine profilierte Karriere als Autor und Redner. Mit seinen geistreichen und klaren Vorstellungen einer modernen Schule erreichte er große Aufmerksamkeit für alternative Bildungsmethoden mit einem Schwerpunkt auf Homeschooling.

In seinem Buch „Verdummt noch mal!" kritisiert er das derzeitige Schulmodell und schlägt bessere Alternativen vor, die frei von den hinterhältigen Absichten des derzeitigen Systems sind.

Der Autor

Connor Boyack ist Präsident des Libertas Institute, einer öffentlichen Denkfabrik in Utah (USA). Er hat mehrere Bücher über Politik und Religion geschrieben sowie Hunderte von Artikeln, in denen er sich für die persönliche Freiheit einsetzt. Über seine Arbeit wurde national und international in Radio, Fernsehen und Zeitschriften berichtet.

Er wurde in Kalifornien geboren und hat an der Brigham Young University studiert. Er lebt zusammen mit seiner Frau und seinen zwei Kindern in Lehi (Utah).

Der Zeichner

Elijah Stanfield ist Inhaber des Medienunternehmens Red House Motion Imaging in Washington.

Er beschäftigt sich seit langem mit der Österreichischen Schule der Nationalökonomie, mit Geschichte und mit der Philosophie des klassischen Liberalismus. Mit großem Engagement widmet er sich der Verbreitung der Ideen von freien Märkten sowie der persönlichen Freiheit. Für die Kampagne zur Bewerbung des libertären Politikers Ron Paul als amerikanischer Präsident im Jahr 2012 hat er acht Videos produziert. Er lebt mit seiner Frau und ihren fünf Kindern in Richland (Washington).

Besucht uns auch auf TuttleTwins.com
oder kinder-der-freiheit.com!

Glossar

Fließband: Ein scherzhafter Name für das Schulsystem, das Kinder wie Werkstücke in einer Fabrik formt und benotet.

Freier Wille: Die Freiheit, seinen eigenen Weg durchs Leben zu wählen.

Konformität: Ein Verhalten, das den sozialen Erwartungen oder den Gesetzen entspricht.

Lehrplan: Eine Liste der Lektionen und Fähigkeiten, die den Schülern beigebracht werden und an die sich die Lehrer halten müssen.

Propaganda: Verzerrte Inhalte, mit denen eine bestimmte Sichtweise vermittelt werden soll, die meist nicht der Wahrheit entspricht.

Schulpflicht: Ein Gesetz, dass Eltern zwingt, ihre Kinder zur Schule zu schicken.

Social Engineering: Wenn Menschen so manipuliert oder geformt werden, dass sie auf eine bestimmte, erwünschte Weise denken und sich verhalten.

Fragen zur Diskussion

1. Warum ist es wichtig, dass Kinder das lernen, was ihnen Spaß macht?
2. Sind Schulausbildung und Bildung das Gleiche?
3. Wie auch immer deine Bildungssituation gerade ist – wie kann man sie verbessern?
4. Ist Zwang der richtige Weg, um ein wichtiges Ziel zu erreichen?
5. Was ist der Zusammenhang zwischen freiem Willen und der Bildung?

Mehr Fragen, Lernaufgaben und Rätsel gibt es im zugehörigen Arbeitsheft. Erhältlich unter www.kinder-der-freiheit.com